CATALOGUE
DE
LIVRES DE MÉDECINE
DE VOYAGES, DE GÉOGRAPHIE & D'HISTOIRE
DE LA
BIBLIOTHÈQUE DE FEU D{R} ISAMBERT
AGRÉGÉ DE LA FACULTÉ DE MÉDECINE
MÉDECIN DES HOPITAUX, MEMBRE DE LA SOCIÉTÉ DE GÉOGRAPHIE

DONT LA VENTE AUX ENCHÈRES AURA LIEU

Les mardi et mercredi 6 et 7 février 1877
à 7 heures et demie précises

Rue des Bons-Enfants, 28 (maison Silvestre)

Par le ministère de Me COUTURIER, commissaire-priseur
Rue Drouot, 21.

Assisté de M. L. LECLERC, libraire

PARIS
LOUIS LECLERC, LIBRAIRE
RUE DE L'ÉCOLE DE MÉDECINE, 14.

1877

Les acquéreurs payeront 5 % en sus des enchères.

Le libraire, chargé de la vente, se chargera des commissions qui lui seront confiées.

VACATIONS.

Le mardi 6 . . . Nos 1 à 180
Le mercredi 7 . . 181 à fin.

Le dernier jour, exposition de trois à quatre heures.

Le Dr Isambert, si regretté à tous les titres, n'a laissé dans sa bibliothèque médicale que de bons ouvrages et des ouvrages utiles : ce sont ces livres que nous offrons dans ce catalogue.

Malgré ses nombreuses occupations scientifiques, le Dr Isambert trouvait encore moyen de s'occuper de géographie, de topographie et même de beaux-arts ; on ne s'étonnera donc pas de trouver ici un grand nombre de livres de voyages se rattachant à l'Orient, une collection d'Itinéraires auxquels il a collaboré avec M. Joanne, et des ouvrages artistiques.

Enfin on a ajouté à la fin de cette notice la nomenclature de bons instruments et d'appareils, parmi lesquels un fauteuil à spéculum, une balance de précision, et même une jolie collection de minéraux et fossiles.

BIBLIOTHÈQUE

DE FEU LE Dʳ ISAMBERT

LITTÉRATURE, SCIENCES, MÉDECINE, INSTRUMENTS
ET APPAREILS.

LITTÉRATURE, VOYAGES, COLLECTION DE GUIDES *JOANNE*.

1. Archives des missions scientifiques françaises. 1851-56, 3 vol. in-8, demi-rel. v.

2. Eusebii Pamphili Historia ecclesiastica. *Lipsiæ*, 1827, avec suppl. 3 vol. in-8, demi-rel. v.

3. Le Lien, journal des Églises réformées de France, revue de la semaine chrétienne. *Paris*, 1862 à 69, 8 vol. in-fol. cart.

4. Flavius Joseph. Opera. 1ʳᵉ édition en grec. *Basileæ, Froben*, 1544, in-fol. demi-mar. rouge. (*A la fin qques pages tachées et racc.*)

5. Flavius Joseph. Trad. latine de Rufin d'Épiphane. *Basileæ*, 1524, in-fol. demi-rel. v.

6. Flavius Joseph. Trad. latine de Gélénius. *Basileæ*, 1548, in-fol. demi-rel. v. (*Notes en marge.*)

7. Gilbert Génébrard. Histoire de Flavius Josèphe, sacrificateur hébrieu. *Paris*, 1578, 2 vol. rel. on 1 in-fol. fig.

8. Antoine de la Faye. Les OEuvres de Flave Joseph. *Paris, Jehan Lepreu*, 1597, 2 vol. en 1 in-fol. demi-rel. v. fauve.

9. Flavius Joseph. Hist. des Juifs, trad. par Arnauld d'Andilly. *Paris*, 1667, in-fol. demi-v. (*Les premières pages tachées.*)

10. Flavius Joseph. Hist. des Juifs, trad. par Arnauld d'Andilly. *Paris*, 1700, 2 vol. in-4, rel.

11. Flavius Joseph. Antiquitatum judaicarum Libri quatuor priores et pars magna quinti græce et latine. *Edit. Eduard Bernardi, Oxon.*, 1700, in-fol. vélin. (*Bel exempl.*)

12. Flavius Joseph. Opera, græce et latine. *Paris, Didot*, 1845, 2 vol. gr. in-8, demi-rel. v. en 4 parties interf. avec notes d'Isambert.

13. Les Antiquités égyptiennes. *Toulouse*, 1867, in-12, br.

14. T. Young. Rudiments of Egyptian dictionary. *London*, 1836, in-8, demi-v. fig.

15. Dionis Cassii Cocceiani Historiæ romanæ libri 42-80. *Hanoviæ*, 1806, in-fol. cart.

16. Ariosto. Orlando furioso. *Parigi*, 1777, 4 vol. in-18, rel. v. tr. d.

17. Ovide. Les Métamorphoses, trad. Villenave. 1806, 4 vol. in-8, beau papier, demi-rel. fig.

18. Barthe. Réfutation de la relation du capitaine de Maitland touchant l'embarquement de Napoléon. 1827, in-8, rel.

19. Descamps. Vies des peintres flamands et hollandais, réunies à celles des peintres italiens et français. *Marseille*, 1840, 5 vol. in-8, demi-rel. v.

20. Lanzi. Histoire de la peinture en Italie. *Paris*, 1824, 5 vol. in-8, demi-rel. v.

21. A. Siret. Dict. historique des peintres de toutes les écoles depuis l'origine de la peinture jusqu'à nos jours, 2° édit. 1866, 1 vol. gr. in-8, demi-chagr.

22. Recueil de catalogues de tableaux anciens et modernes. Collection de 1861 à 1874. 9 vol. in-8 rel. et plusieurs récents brochés.
23. Bulletin de la Société géographique, par Maury et Malte-Brun. 1858-73, 20 vol. in-8, demi-v. 1874-75 en livrais. Table de 1822 à 43. 1 vol. in-8, demi-v.
24. Dictionnaires français-suédois, — français-danois, — français-arabe, — français-turc. 4 vol. in-18, rel.
25. Mme de Belgiojoso. Asie Mineure et Syrie. *Paris*, 1858, in-8, demi-rel. v.
26. Boutmy. Philosophie de l'architecture en Grèce. *Paris*, 1870, in-12, br.
27. Champollion. Précis du système hiéroglyphique des anciens Égyptiens. *Paris, Impr. roy.*, 1828, 2e édit., in-8, demi-rel. v. pl.
28. Buchon. La Grèce continentale et la Morée. *Paris*, 1843, in-12, demi-rel.
29. L. Énault. La Norwége et la Terre Sainte. 2 vol. in-12, demi-rel. v.
30. F. Fouton. La Russie dans l'Asie-Mineure. *Paris*, 1840, in-8, br.
31. Guys. Le Guide de la Macédoine. *Paris*, 1857. — Voyage en Syrie. 1855, 2 vol. en 1 in-8, demi-basane.
32. Laorty Hadji. L'Égypte, la Syrie et la Palestine. 1855-56, 2 vol. in-12, demi-rel.
33. Lenoir. Le Fayoum, le Sinaï et Pétra. *Paris*, 1872, in-12, br. pl.
34. Lenormant. Manuel d'histoire ancienne de l'Orient. *Paris*, 1828, 2 vol. in-12, rel.
35. Lenormant. Recherches archéologiques à Éleusis. *Paris*, 1862, in-8, br.
36. Mauduit. Découvertes dans la Troade. *Paris*, 1841, in-4, rel. cartes.

37. Lettres du maréchal de Moltke sur l'Orient. *Paris*, 1872, in-12, br.
38. E. Montague. Narrative of the late expedition to the Dead sea. *Philadelphie*, 1849, in-12, cart.
39. Palgrave. Une Année dans l'Arabie centrale. *Paris*, 1869, in-12, br. carte.
40. Félix Pigeory. Les Pèlerins de l'Orient. *Paris*, 1854, in-12, br.
41. G. Perrot. Souvenirs d'un voyageur en Asie Mineure. *Paris*, 1864, in-8, demi-v.
42. Pouqueville. Voyage de la Grèce. *Paris*, 1826, 6 vol. in-12, demi-rel. pl.
43. A. Raffray. Abyssinie. *Paris*, 1876, in-12, br. planches.
44. Ed. Robinson. Biblical Researches in Palestine, mount Sinaï and Arabia Petræa. *Boston*, 1841, 3 vol. in-8, cart. Carte suivie d'appendice.
45. Robinson. Later biblical Researches in Palestine and the adjacent regions. *London*, 1856, in-8, cart.
46. Savary. Lettres sur la Grèce. *Paris*, 1788, in-8, rel. planches.
47. De Saulcy. Voyage autour de la mer Morte. *Paris*, 1853, 2 vol. in-8 rel. en 1, demi-rel.
48. Valery. Rome et ses environs, Florence, Pise, Livourne. 1842. *Bruxelles*, 1842, 2 vol. in-18, brochés.
49. A. de Valon. Une Année dans le Levant, voyage en Sicile, en Grèce et en Turquie, 2° édit. 1850, 2 vol. en 1, demi-v.
50. Vambery. Voyage d'un faux derviche dans l'Asie centrale. 1867, in-12, br.
51. Volney. Simplification des langues orientales. Méthode facile. *Paris, l'an III*, in-8, br.

52. Joseph Bonomi. Nineveh and its palaces, 2ᵉ édit. *London*, 1853, in-8, cart. Gr. quantité de fig.

53. Heinrich Barth. Reise durch das innere der Europäischen Turkei. *Berlin*, 1864, in-8, demi-veau, cartes.

54. W. Lynch. Narrative of the United States expedition to the river Jordan and the Dead sea. *London*, 1850, in-8, rel. veau plein, pl.

55. Barbier de Meynard. Le Livre des routes et des provinces. *Paris, Impr. imp.*, 1865, in-8, br.

56. Guides Joanne et Itinéraires (*Ce numéro sera divisé.*)

Guide du voyageur en Europe, 1852,	1	in 12, cart.
Itinéraire de la Bretagne, 1857,	1	—
— de Paris à Cherbourg,	1	—
— des Vosges et Ardennes,	1	—
— du Dauphiné, Alpes et Provence,	3	—
— de la Loire et du Centre,	1	—
— des Pyrénées,	1	—
— des bords du Rhin,	1	—
— de l'Auvergne, Morvan, Cévennes,	1	—
— de la Savoie,	1	—
— de Normandie, 1866.	1	—
— de Rennes à Brest et Saint-Malo,	1	—
— de Lyon à la Méditerranée,	1	—
— de Bordeaux à Toulouse et Bayonne	2	—
— de Paris à Lyon,	1	—
— de Paris à Nantes et Mulhouse,	2	—
— aux villes d'hiver de la Méditerranée et des Alpes, 1864,	1	—
— aux bains d'Europe,	1	—
— de la Suisse et du Jura,	1	—
— de l'Espagne et du Portugal,	1	—
— de l'Italie et de la Sicile,	1	—
— de l'Italie et de Milan,	1	—
— de l'Italie du Sud,	1	—
— en Italie et en Sicile, 1866,	3	—
— de l'Allemagne Nord et Sud,	2 vol. cart.	

Itinéraire de Bade et la Forêt Noire,   1 in-12, cart.
— Bade et la Forêt Noire,   1 —
— la Hollande,   1 —
— la Grande-Bretagne, 1853,   1 —
— la Grande-Bretagne et l'Irlande, 1865, 1 —
— Guide du voyageur à Londres,   1 —
— de Paris à Constantinople, 1855,   1 —
— à Constantinople, 1867,   1 —
— Guide en Orient,   1 —

Joanne et Isambert. Itinéraire descriptif de l'Orient, 2ᵉ édition, tome 1ᵉʳ (seul paru).

Murray, handbook Syria, Palestine, Londres, 1858,   2 vol. rel.
— handbook for travellers southern Germany, 1867,   1 in-12 rel.
— for travellers in Greece, 1872,   1 —
— Turkey in Asia and Constantinople,   1 —

SCIENCES DIVERSES.

57. Cuvier. Le Règne animal d'après son organisation. 1829, 5 vol. in-8, demi-rel. v. pl.

58. Becquerel et Rodier. Chimie pathologique, 1854, 1 vol. in-8, rel.

59. Fresenius. Traité d'analyse chimique qualitative, 1871, in-12, br.

60. Frey. Le Microscope, 1857, in-18, br.

61. Gavarret. De la Chaleur sur les êtres vivants, 1855. — Gréhant. Physique, 1859, 2 vol. in-12, rel.

62. Hardy. Chimie biologique, 1871. — Lehmann. Chimie animale. 2 vol. in-12.

63. Herschell. Traité d'Astronomie, trad. par Cournot. 1836, in-12, demi-veau.

64. De Mertens. Guide diplomatique, traité des

droits, des devoirs des agents diplomatiques. *Paris*, 1837, 2 vol. in-8, demi-rel.

65. Pline le Naturaliste. Édition Panckoucke, texte et traduction. 1829, 10 vol. in-8, demi-rel. v. f.

66. Schutzemberger. Chimie appliquée à la physiologie animale. 1864, in-8, demi-chag.

67. Wurtz. Dict. de Chimie, tomes I et II, de A à G. 2 vol. in-8, rel.

SCIENCES MÉDICALES. — RECUEILS ET JOURNAUX.

68. Actes, Bulletin et Mémoires de la Société médicale des hôpitaux, collection complète jusqu'en 1875. 23 vol. rel. et cart. en 21 vol. in-8.

69. Archives générales de médecine. 1858 à 1876. 36 vol. in-8, rel. veau, 1876 en livraisons.

70. Archives de Physiologie, par Brown-Sequard, 1871 à 1874, 4 années rel. en 3 vol. d.-chag. 1875 et 1876, 1 à 4 en livr.

71. Bulletin et Mémoires de la Société de biologie. 1851 à 1871. 21 vol. demi-rel.

72. Bulletin de la Société anatomique, 1853 à 1874. 22 années reliées en 17 vol. in-8, demi-v. 1875 en liv., plus la table de 1826 à 53.

73. Bulletin de la Société de thérapeutique. 1868-69-70. In-8, demi-chag.

74. Bulletin de thérapeutique. 1866 à 1875, 10 années, 20 vol. demi-toile. 2ᵉ semestre 1875 en livraisons. — Tables de 1831 à 1861, 1 vol.

75. Gazette hebdomadaire, 1853 à 1874, 21 vol. rel. demi-chag. 1875 et 1876 en liv.

76. Gazette des hôpitaux, 1863 à 1867. 5 vol. in-fol. cart.

77. Gazette médicale de Paris, années 1831 à 1856 compris, 26 vol. in-4, cart.
78. Hayem. Revue des sciences médicales, 1873, 74-75, 1ᵉʳ semestre, 5 vol. demi-chag. 1875, 2ᵉ semestre et 1876 br.
79. Journal de physiologie de Brown-Sequard, 1858-59, 2 vol. gr. in-8, demi-chagr.
80. Compendium de chirurgie, par Bérard et Denonvilliers. 1845-1861, 3 vol. gr. in-8, demi-v.
81. Compendium de médecine, par Fleury Monneret. 1836-1846, 8 vol. gr. in-8, demi-rel. veau.
82. Dezeimeris. Dict. historique de la méd., 1828-39, 4 vol. in-8, rel.
83. Dictionn. encyclop. des sciences médicales, 1ʳᵉ série, tomes I à XVI reliés, XVII, XVIII, XIX brochés. 2ᵉ série, tome I à IX reliés, X et XI brochés. 3ᵉ série, tome I relié, II, III, IV brochés. Ens. 34 vol. parus à ce jour, la rel. demi-ch. noir.
84. Dict. de médecine et de chirurgie pratique, par Jaccoud, t. I à IX demi-rel. veau. t. XX br.
85. Garnier. Dictionn. annuel des sciences méd., 1864-65-66, 3 vol. in-18, rel. 1868 br.
86. Littré et Robin. Dict. de médecine, 10ᵉ édit. 1855, 1 vol. in-8, demi-rel. veau.
87. Revue des cours scientifiques, 1863 à 1875, 10 vol. in-4, demi-rel. v. f. 1876 en liv.
88. Union médicale, 1862 à 1875, 1ᵉʳ semestre, 26 vol. demi-rel. v. f. 1875, 2ᵉ semestre et 1876 en livrais.
89. Statistique médicale des hôpitaux de Paris, années 1861-62-63. *Paris*, 1867-68, 3 vol. en 2 in-fol. cart.
90. Tableaux statistiques de l'épidémie cholérique à Paris en 1865. *Paris*, 1872, gr. in-4, br.
91. Mal. du larynx. Choix de 25 thèses.

92. Mal. du larynx. Choix de 30 brochures. Czermak, Turck, etc.
93. Agrégation médecine. Thèses de divers concours. — Isambert, Charcot, Vulpian, etc. 1 vol. in-4, rel.
94. Agrégation médecine. Concours complet de 1863. — Jaccoud, Peter et autres, in-4, rel.
95. Agrégation médecine. Concours complet de 1866, 2 vol. in-8, demi-rel. — Ball, Raynaud, Simon, etc.
96. Agrégation médecine. Concours complet de 1869, 2 vol. in-8, rel. — Brouardel, Fernet, etc.
97. Agrégation médecine. Concours de 1872, in-8 et in-4, 19 thèses. — Hayem, Lépine, etc.
98. Agrégation médecine. Concours de 1875, Concours complet, in-8. — Dieulafoy, Grasset, Grancher, Joffroy, Lépine, etc.
99. Médecine. Thèses de concours et mémoires divers. — Charcot, Bouchardat, Corvisart, Axenfeld et autres, 1 vol. in-8, demi-rel. v.
100. Thèses choisies. Doctorat, méd. & chir. 7 vol. in-4, demi-rel.
101. Chirurgie. Thèses de concours et brochures. Bauchet, Dolbeau, Jamain, Robert, Velpeau et autres. 1 vol. in-8, demi-chag.
102. Cent thèses choisies sur divers sujets de médecine.

MÉDECINE ET CHIRURGIE. — MONOGRAPHIES.

OPUSCULES DU DOCTEUR ISAMBERT.

1. 45 exempl. Mém. divers sur plusieurs questions de pathologie, d'anatomie et de chir. 1855, 40 pages.
2. 35 exempl. Mém. sur l'induration pulmonaire. 1853, 40 pages.

3. 45 exempl. sur un cas de leucocythémie. 1856, 16 pag.
4. 35 exempl. Affections diphthéritiques et angine maligne. 1857, 40 pages.
5. 50 exempl. Angine scrofuleuse et granulie laryngée, 4 pages.
6. 50 exempl. Note sur un cas de croup. 1868, 4 pages.
7. 60 exempl. Note sur un cas de scléromie chez un enfant de 13 mois. 1863, 8 pages.
8. 60 exempl. Note sur un cas de trachéotomie heureuse chez un enfant. 1867, 10 pages.
9. 20 exempl. Trachéotomie dans un cas d'œdème de la glotte. 1869, 12 pages.
10. 35 exempl. Note sur un cas de leucocythémie adénoïde. 1869, 15 pages.
11. 30 exempl. sur un cas du variolous rash chez une femme enceinte. 1869, 12 pages.
12. 40 exempl. Discours au nom du Jury internat. 1169, 18 pages.
13. 40 exempl. Opinion sur l'agglomération des varioleux dans les hôpitaux. 1870, 4 pages.
14. 15 exempl. du rôle médical des femmes. 1871, 96 pag.
15. 30 exempl. de l'angine scrofuleuse. 1870, 22 pages.
16. 25 exempl. Une visite au temple de Jérusalem. 1860, 22 pages.
17. 40 exempl. d'extraits du Dict. encyclop. Leucocythémie et Chlorate.

---

103. Aretæi. OEuvres, édit. Kuhn. 1828, 1 vol. græcè et latiné.

104. Barety. Adénopathie trachéo-bronchique. 1874, gr. in-8, demi-rel.

105. Barras. Traité des gastralgies. 1859, 2 vol. in-8, demi-veau.

106. Barthez et Rilliet. Maladies des enfants, 2° édit. 3 vol. in-8, rel. demi-veau.

107. Bazin. Leçons sur la scrofule, 2° édit. 1851, demi-rel. veau.

108. Bazin. Affections arthritiques. 1868, demi-rel. veau.
109. Bazin. Syphilis. 1860, demi-rel. veau.
110. Béhier. Conf. de clinique médicale. 1864, in-8, demi-rel. veau.
111. Béclard. Traité de physiologie. 1866, in-8, demi-rel. chag.
112. Bennett. Recherches sur le traitement de la phthisie. 1874, in-8, br.
113. Bernutz et Goupil. Traité des maladies des femmes. 1860, 2 vol. in-8, demi-rel. chag.
114. C. Bernard. Physiologie et Pathologie du système nerveux. 1858, 2 vol. in-8, demi-rel. veau.
115. C. Bernard. Liquides de l'organisme. 1859, 2 vol. in-8, demi-rel. veau.
116. C. Bernard. Leçons sur les effets des substances toxiques et médicamenteuses. 1857, 1 vol. in-8, demi-rel. veau.
117. C. Bernard. Physiologie expérimentale. 1855, 2 vol. in-8, demi-rel. veau.
118. Bonamy, Beau, Broca et Hirschweld. Atlas d'anatomie rel. en 4 vol. in-4 et 1 vol. de texte, demi-rel. veau, pl. col.
119. Borsieri. Instituts de médecine pratique, trad. par Chauffard. 1856, 2 vol. in-8, demi-rel. veau.
120. Bouillaud. Traité des maladies du cœur, 2ᵉ édit. 1841, 2 vol. in-8, rel.
121. Dourgeois. Influence des maladies de la femme pendant la grossesse. 1862, in-4, br.
122. Bouvier. Leçons cliniques sur les maladies de l'appareil locomoteur. 1858, in-8, demi-rel. veau.
123. Boyer. OEuvres chirurgicales, 4ᵉ édit. 1831, 11 vol. in-8, demi-rel. veau.

124. Braidwood. De la Pyémie. 1870, in-8, demi-rel. chag. pl. col.
125. Bretonneau. Traité de la Diphthérie avec sup. 1826, in-8, demi-rel.
126. Broca. Traité des Tumeurs. 1866, t. I, in-8, br.
127. Broussais. Doctrines médicales, 3ᵉ édit. 4 vol. in-8, demi-veau.
128. Brière de Boismont. Du Suicide, 1856. — Hallucinations. 1845, 2 vol. in-8, demi-rel. veau.
129. Casper. Klinische Nouvellen zur gerichtlichen Medicin. *Berlin*, 1863, in-8, br.
130. Cazenave. Pathologie générale des maladies de la peau. 1868, in-8, rel.
131. Celsi Medicinæ libri octo, edidit Milligan. *Edinb.* 1831, 1 vol. in-8, cart.
132. Charcot. Maladies des vieillards. 1866, in-8, demi-rel. chag. pl. col.
133. Chauffard. Traité de Pathologie générale. 1862. in-8, demi-rel. chag.
134. Collin. Saint-Honoré-les-Bains. 1865, in-12, br. — Renard. Bourbonne et ses eaux, 1826, rel.
135. Coulon. Fractures chez les enfants. 1861, in-8, br.
136. Courty. Traité des maladies de l'utérus. 1866, in-8, cart.
137. Damaschino. Pneumonie chez les enfants. 1867, in-8, br.
138. Dioscoride. OEuvres, édit. Kühn. 1829, 2 vol.
139. Dolbeau. Leçons de clinique chirurgicale. 1867, in-8, demi-rel. chag.
140. Dolbeau. Lithotritie périnéale, 1872. in-8, br.
141. Dupuy. Philosophie médicale. 1862, in-8, br.

142. Durand-Fardel. Traité des maladies des vieillards. 1854, in-8, demi-rel. chag.
143. Durand-Fardel. Traité des Eaux minérales. 1857, in-8, demi-rel. veau.
144. Fournier. Leçons sur la syphilis. 1873, in-8, br.
145. Frerichs. Traité des maladies du foie. 1862, in-8, demi-rel. chag.
146. Galeni Opera, editio Kuhn. *Lipsiæ*, 1821 à 1833, 20 vol. in-8, demi-rel. veau fauve. (*Bel exemplaire.*)
147. Garrod. La Goutte, sa nature et son traitement. 1867, in-8, demi-rel. chag.
148. Gendrin. Traité de médecine pratique. 1838, 3 vol. in-8, demi-rel. veau.
149. Gendrin. Maladies du cœur. 1841, in-8, demi-rel. (*Tome I, seul paru.*)
150. Gigot-Suard. L'Uricémie, 1875. in-8, br.
151. Giraldès. Leçons cliniques sur les maladies des enfants. 1868, in-8, demi-rel. chag.
152. Graves. Leçons de clinique médicale, trad. de Jaccoud, 2° édit. 1863, 2 vol. in-8, demi-rel. chag.
153. Griesinger. Maladies infectieuses. 1868, in-8, demi-chag. — Pringle et Lind. Maladies des armées et scorbut. 1855, in-8, demi-rel. v.
154. Grisolle. Traité de la pneumonie, 2° édit. 1864, demi-rel. v.
155. Grisolle. Traité de pathologie interne, 9° édit. 1865, 2 vol. in-8, demi-veau.
156. Gubler. Commentaires de thérapeutique. 1868, in-8 cart.
157. Guérin. Maladies des organes génitaux externes de la femme. 1864, in-8, demi-rel. chag.

— 14 —

158. Guersant. Notices sur la chirurgie des enfants. 1864, in-8, demi-rel. chag.

159. Hardy et Béhier. Pathologie interne, tome II, 2° éd. 1864, in-8, demi-rel. chag.

160. Hardy et Montmeja. Clinique photog. de Saint-Louis. *Paris,* 1868, in-4, demi-rel. chag. à coins, d. en tête.

161. Hérard et Cornil. De la Phthisie pulmonaire. 1867, in-8, demi-rel.

162. Henle. Anatomie générale. 1843. — Huschke. Splanchnologie. Ens. 3 vol. demi-rel. v.

163. Hérard et Cornil. Traité de la phthisie. 1867, in-8, rel. demi-rel. ch.

164. Hippocrate. OEuvres complètes. Traduction de Littré. 1839-61, 10 vol. in-8, demi-rel. v. f.

165. Hirsch. Handbuch der historisch-geographischen Pathologie. *Vienne,* 1859-60, tome Ier en 2 parties.

166. Hunter. OEuvres complètes. 4 vol. in-8 et atlas in-4, demi-rel. v.

167. Jaccoud. Paraplégie et ataxie. 1864, in-8, demi-rel.

168. Jaccoud. Traité de pathologie interne. 1869, 2 vol. in-8, demi-rel. v.

169. Jamain. Petite Chirurgie. 1854. — Malgaigne. Médecine opératoire. — Rocca. Bains de mer. 3 vol. in-12.

170. Kolliker. Éléments d'histologie. 1856, in-8, rel.

171. Laennec. Traité d'auscultation, édit. Andral. 1837, 3 vol in-8, demi-rel. chag.

172. Lagneau. Maladies syphilitiques du système nerveux. 1860, in-8, demi-veau.

173. Laisné. Application de la gymnastique à la guérison des maladies. 1865, in-8, br.

174. Lallemand. Des Pertes séminales. 1836-42, 3 vol. in-8. — Lallemand. Rech. sur l'encéphale. 1830, 3 vol. in-8. Ens. 6 vol. rel.

175. Lasèque. Traité des angines. 1868, in-8, cart.

176. Legroux. Opuscules. 6 brochures réunies en 1 vol. in-8, demi-rel.

177. Leroy d'Étiolles. Traité pratique de la gravelle et des calculs urinaires. 1863-66, 1 vol. in-8, demi-rel. fig.

178. Liouville. Généralisation de la suette miliaire. 1871, in-8, br.

179. Longet. Traité de physiologie. 1857, 2 vol. in-8, demi-rel. veau.

180. Louis. Traité de la fièvre typhoïde, 2° édit. 1841, 2 vol. in-8, demi-rel. v.

181. Lugol. Maladies scrofuleuses. 1844, in-8, demi-rel.

182. Macpherson. Cholera in its home. *Londres*, 1866, in-8, cart.

183. Magitot. Recherches sur la carie dentaire, 1866, in-8, br.

184. Magnétisme (le) et le Somnambulisme devant la cour de Rome. 1844, in-8, br.

185. Mandl. Traité des maladies du larynx. 1872, in-8 carré, p. col.

186. Ménière. Études médicales sur les poëtes latins. 1858, in-8, demi-rel. ch.

187. Mialhe. Chimie physiologique, 1856, in-8, demi-rel. v.

188. Monneret. Traité de pathologie générale. 1857-61. — Idem. Ictère, et autres brochures. — Ens. 5 vol. in-8, demi-rel. v.

189. Monneret. Traité de pathologie interne. 1864-66, 3 vol. in-8, demi-rel. v.

190. Nélaton. Éléments de pathologie chirurgicale. 1844, 5 vol. in-8, demi-rel. v.

191. Niemeyer. Éléments de pathologie interne. 1865, 2 vol. in-8, demi-rel. c.

192. Orfila. Traité de médecine légale. 1848, 4 vol. rel. en 3, avec atlas. — Orfila. Traité de toxicologie. 1843. Ens. 6 vol. rel. v.

193. Oribase. OEuvres, édit. Daremberg. *Impr. nat.*, 1861 à 1873, 5 vol. in-8, rel. v. f.

194. Ozanam. Hist. médicale des épidémies. 1823, 5 vol. rel. b.

195. Panas. Leçons sur les kératites. 1876, in-8, broché.

196. Peter. Leçons de clinique médicale. 1873, in-8, cart.

197. Rayer. Traité des maladies des reins. 1839-41, 3 vol. in-8, demi-rel. ch.

198. Requin. Éléments de pathologie médicale. 1843-63, 4 vol. in-8, demi-rel. (*Le tome IV renferme les Névroses d'Axenfeld.*)

199. Ricord. Lettres sur la syphilis. 1841, in-8, rel.

200. Rizzoli. Clinique chirurgicale. 1872, grand in-8, br. fig.

201. Rochoux. Traité de l'apoplexie. 1833, in-8, rel.

202. Roger. Séméiotique des mal. de l'enfance. — — De la Température chez les enfants. 1864, 2 vol. in-8, br.

203. Rollet. Recherches sur la Syphilis. 1862, in-8, demi-rel. veau, pl. col.

204. Rosenbaum. Hist. de la Syphilis dans l'antiquité. 1847, in-8, rel. (*Rare.*)

205. Rostan. Cours de médecine clinique, 2ᵉ édit. 1830, 3 vol. in-8, cart.

206. Rostan. Rech. sur le ramollissement du cerveau. 1823. — Organisme. 1843, 2 vol. in-8, rel. b.
207. Sanné. Études sur le croup. 1860, in-8, br.
208. Schweigger. Leçons d'ophthalmoscopie. 1865, in-8, rel.
209. Sée. Leçons de pathologie expérimentale. 1866, in-8, cart.
210. Seux. Rech. sur les maladies des enfants nouveau-nés. 1865, 2 vol. in-8, br.
211. Stokes. Traité des maladies du cœur, 1864, in-8, demi-chag.
212. Tardieu. Étude sur l'empoisonnement. 1857, in-8, demi-rel. chag.
213. Tardieu. Ét. méd.-lég. sur l'avortement. 1868, in-8, br.
214. Tardieu. Ét. médico-légale sur la pendaison. 1870, in-8, br.
215. Topinard. Ataxie locomotrice, 1864, in-8, demi-chag.
216. Trœltsch. Traité des mal. de l'oreille. 1870, in-8, rel.
217. Trousseau. Phthisie laryngée. 1837, in-8, demi-rel. pl.
218. Trousseau. Clinique médicale, 2ᵉ édit. 1865, 3 vol. in-8, demi-chag.
219. Trousseau et Pidoux. Traité de thérapeutique, 1862, 2 vol. in-8, demi-chag.
220. Valleix. Guide du médecin praticien, 2ᵉ édit. 1850, 5 vol. in-8, rel.
221. Virchow. Pathologie cellulaire. 1861, in-8, demi-chag.
222. Vogel. Lehrbuch der Kinderkrankeiten. 1860, gr. in-8, demi-veau.

223. Voisin. Hématocèle rétro-utérine. 1860, in-8, pl.
224. Voisin. De l'Emploi du bromure de potassium. 1875, in-4, br.
225. West. Leçons sur les maladies des enfants. 1875, in-8, demi-chag.
226. Woillez. Dict. de diagnostic. 1862, in-8, demi-rel. veau.

INSTRUMENTS.

1. Boîte à amputations de Luër.
2. Boîte à trachéotomie complète de Collin avec la pince de Langenbeck modifiée par Isambert.
3. Boîte pour laryngoscopie Collin.
4. Spéculums bivalve.
5. — trois valves.
6. — quatre valves, manches pliants.
7. — Cusco.
8. — en buis.
9. — auris à grandes branches.
10. — auris à petites branches.
11. Seringue Pravaz.
12. Petit laryngoscope.
13. Petit ophthalmoscope.
14. Ophthalmoscope Galezowski.
15. Otoscope de Hirton dans une boîte.
16. Lampe laryngoscopique à cheminée métallique.
17. Abaisse-langue.
18. Dilatateur trois branches.

19. Grande balance de précision de Bianchi (sous globe).
20. Forceps brisé. Pajot, Collin.
21. Trente-cinq miroirs et sondes pour le larynx (ce numéro sera divisé).
22. Trois pinces pour le larynx.
23. Deux — — (Collin).
24. Tête plastique pour laryngoscopie.
25. Pince-polypes laryngiens.
26. Pince brisée.
27. Ciseau courbe.
28. Filière pour les sondes.
29. Plusieurs loupes.
30. Inhalateur du docteur Siéglès.
31. Insufflateur et autres instruments.
32. Pompe et appareils de chimie.
33. Pile électrique de Trouvé.
34. Pièces d'ostéologie.
35. Fauteuil à spéculum de Gellé, en très-bon état

Collection de MINÉRAUX et de FOSSILES les plus nécessaires pour l'étude de la géologie, classés par Nérée Boubée, avec un tableau explicatif.

Paris. — Typographie Georges Chamerot, rue des Saints-Pères, 19.

www.ingramcontent.com/pod-product-compliance
Lightning Source LLC
Chambersburg PA
CBHW060932050426
42453CB00010B/1980